Jo-Jo 2

Sprachbuch
Arbeitsheft
Vereinfachte Ausgangsschrift

erarbeitet von Susanne Mansour, Sandra Meeh,
Henriette Naumann-Harms, Martin Wörner

Fachliche Beratung
zur Silbenstrategie, zum Verlängern,
zum Ableiten und zu Merkwörtern
Günter J. Renk

Cornelsen

Inhalt

Ordnen und nachschlagen

1 Verbinde die Buchstaben des ABC in der richtigen Reihenfolge.

2 Schreibe das ABC mit großen und mit kleinen Buchstaben auf.

A B C

a b c

3 Ordne die Nomen nach dem ABC. Male den ersten Buchstaben an.

Gras • Berg • Ast • Wurzel • Hecke • Tor

Ast,

4 Trage die fehlenden Buchstaben ein.

(m) *n* (u) (v) (p) (s) (q)

(g) (e) (a) (c)

(h) (i) (p) (k) (n) (m)

(z) (u) (x) (w)

5 Ordne die Wörter. Achte auf den zweiten Buchstaben.
Male die ersten beiden Buchstaben an.

~~Ball~~ • Busch • Bein • bitten • bluten

Tee • ~~Tafel~~ • turnen • treffen • Tier

Ball,

Tafel,

6 Streiche die falsch eingeordneten Wörter durch. Schreibe die Reihe ohne sie auf.

Aufgabe ~~Raupe~~ Besen Schule Cent Zoo Dusche Wurst Erde

Aufgabe,

7 Schaue dir den letzten Buchstaben an. Finde die Tiernamen, die mit
dem Folgebuchstaben im ABC beginnen. Kontrolliere mit einem Wörterbuch.

Tiger • ~~Frosch~~ • Maus • Esel • Spinne • Giraffe

Ameise – *Frosch*

Hund –

Luchs –

Amsel –

Bär –

Schaf –

Silben schwingen

1 Sprich und schwinge die Wörter.
Zeichne unter jedes Wort einen Silbenbogen ⌣ oder zwei Silbenbögen ⌣⌣.

Löffel	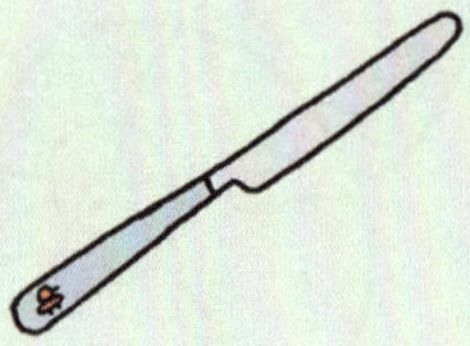 Messer	 Teller	 Glas
 Dose	 Gabel	 Tisch	 Tasse

2 Sprich und schwinge die Wörter.
Schreibe die Wörter unter die Bilder. Zeichne Silbenbögen.

Schüssel • Topf • Birne • Käse • Kirsche • Kuchen • Salz • Obst

Topf

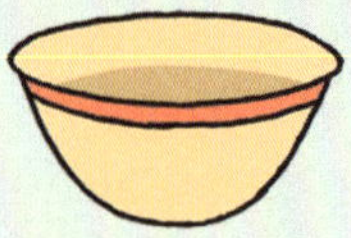

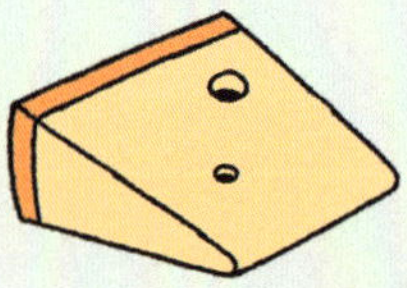

3 Schwinge die Wörter. Schreibe die Wörter unter die Bilder.
Zeichne Silbenbögen.

Lastwagen

4 Setze die Nomen aus den Silben zusammen.
Scheibe sie auf. Zeichne Silbenbögen.

To	E	Le	Kro	Gi	Ba
le	na	raf	ko	xi	ma
te	fe	fant	dil	kon	ne

Tomate

Alle Wörter haben drei Silben.

Selbstlaute (Silbenkönige) und Mitlaute

1 Sprich die Wörter. Zeichne Silbenbögen.
Male die Silbenkönige an.

Bach	Bank	Fisch	Tor
Brot	Heft	Tisch	Buch

2 Male im ABC alle Selbstlaute rot und alle Mitlaute blau an.

A B C D E F G H I J K L M N

O P Q R S T U V W X Y Z

> Alle Silbenkönige sind Selbstlaute.

3 Sprich die Wörter. Zeichne Silbenbögen.
Schreibe die Wörter auf. Male alle Silbenkönige an.

Lampe	Foto	Monat	Tante
Onkel	Name	Vater	Insel

Lampe,

4 Schreibe in jede Silbe den passenden Selbstlaut.

R _e_ g _ _ n   S _ _ nn   T _ _ x   K _ _ rch   P _ _ ns _ _ l

5 Schreibe die Nomen mit beiden Selbstlauten auf. Male sie an.

B^a_uch ⟨ _Bach_

Sch^u_ale ⟨

St^i_ern ⟨

H^u_immel ⟨

6 Hier wurden alle Selbstlaute durch ein **u** ersetzt. Schreibe die Nomen mit den richtigen Selbstlauten auf.
Male die Selbstlaute an.

Ruck	Jucku	Hundtuschu
Muntul	Brullu	Wullsuckun
Schul	Kuppu	Rugunschurm

Rock,

Silbenkönige: Zwielaute

1 Male im Text die Zwielaute farbig an: au, ei, eu.
Auch Zwielaute sind Silbenkönige.

Die Maus Meike macht heute

eine kleine Reise zu einer Baustelle.

Ihre Freunde Zeus und Paul sind auch dabei.

Sie fahren mit dem blauen Auto hin.

Die drei schleichen sich leise

an die Baugrube heran. Paul geht voraus.

Sie staunen, wie groß hier alles ist.

Es ist auch sehr laut. Aber ein großer Zaun

versperrt ihnen den Weg. Die drei bleiben stehen.

Paul ruft: „Da vorne ist ein Loch im Zaun!"

Doch dann entdecken leider die Bauarbeiter

die Freunde. Schnell laufen sie weg.

Was für ein aufregender Tag!

2 Ordne die Wörter nach Zwielauten.

au: *Maus,*

ei: *Meike,*

eu: *heute,*

3 Schreibe jedes Nomen mit dem richtigen Anfangsbuchstaben.
Male die Zwielaute an und zeichne Silbenbögen.

H S eife	B W aum	K P ause	Z D eit
Seife			

H Fr eude	S R auch	B T ein	G L eute

4 Schreibe die Wörter. Male die Zwielaute an.

Raupe

5 Wo hörst du Zwielaute? Schreibe die Wörter. Male die Zwielaute an.

Schaukel,

Wörter mit ie

1 Schreibe unter jedes Bild das richtige Wort.
Male **ie** an. Zeichne Silbenbögen.

Zwiebel • Wiese • Biene • Fliege • Riese • Spiegel • Stiefel • Ziege

Wiese

2 Setze die passenden Wörter mit **ie** ein.

vier • sie • wie • hier • viele • sieben

Das ist Lisas Haus. Sie wohnt *hier* mit ihrer Familie.

Eine Woche hat _____ Tage.

Zum Geburtstag bekommt Luisa _____ Geschenke.

Das freut _____ sehr.

Leo ist _____ Jahre alt. Aber er ist schon fast so groß _____ Ari.

3 | Setze **ie** ein. Verbinde die Wortpaare und schreibe sie auf.

Br *ie* fe ———————— Br *ie* f

T ___ iere   D ___ b

D ___ be   L ___ d

L ___ der   T ___ r

Briefe – Brief,

4 | Finde zu jedem Nomen
das passende Verb mit **ie**.

Liege • Spiel • Ziel • Sieb

liegen,

5 | Kurz oder lang? Setze **i** oder **ie** richtig ein.

Sp *i* nnen krabbeln über die W *ie* se.

Alle K ___ nder wollen beim Sp ___ l gewinnen.

F ___ sche l ___ ben d ___ cke Würmer.

Katzen l ___ gen gern auf weichen K ___ ssen.

Die l ___ be Oma braucht eine Br ___ lle.

6 | Schreibe die Lückenwörter von Aufgabe 5 auf.

Spinnen,

Wörter mit doppelten Mitlauten

1 Trage die richtigen doppelten Mitlaute ein.

Qua **ll** e   Schli ☐ en   Fü ☐ er   Ze ☐ el   So ☐ e   Bu ☐ er

To ☐ e   Wa ☐ e   Bri ☐ e   Ra ☐ e   Spi ☐ e   We ☐ e

2 Ordne die Wörter von Aufgabe 1 nach den doppelten Mitlauten.
Male die doppelten Mitlaute an.

ll: *Qualle,*

nn:

tt:

3 Bilde aus den Silben Reimwörter. Schreibe sie unter die passenden Nomen.

Mut	Klas	Ket	Tel		Ses	Pup	Kan	Mat
se	ler	ter	te		ne	te	pe	sel

Futter
Mutter

Tasse

Suppe

Kessel

Wette

Keller

Tanne

Watte

4 Würfle und trage die Würfelpunkte ein. Schreibe die Wörter.

⠂⠄ · *sonnige Beine*

⠂	dünne
⠐	helle
⠆	sonnige
⠤	stumme
⠦	schnelle
⠿	satte

⠂	Beine
⠐	Sterne
⠆	Tage
⠤	Fische
⠦	Autos
⠿	Schweine

5 Schreibe die passenden Verben über die Silbenbögen.

kommen • füllen • fallen • lassen • wissen
rollen • kennen • stellen • summen

fal | *len*
‿a ‿e

‿i ‿e

‿o ‿e

‿u ‿e

‿e ‿e

‿ü ‿e

‿o ‿e

‿e ‿e

‿a ‿e

Wörter mit Sp/sp und St/st

1 Sprich die Wörter und ordne sie.
Male **Sp/sp** und **St/st** an.

> Spinne • spülen • stellen • Stufe • Stunde • Spaten • sparen • stören
> stehen • spielen • Stempel • Spiegel • spüren • steigen • Stern • Sport

Spinne,

2 Lies den Zungenbrecher laut.
Schreibe ihn ab.
Male **Sp/sp** und **St/st** an.

> Auf steilen Straßen stolpern
> spitze Stiefel über spitze Steine.

Auf Steilen

3 Unterstreiche das passende Verb.
Schreibe die Sätze ab. Male **sp** und **st** an.

Ein Specht spielt/spart Ping-Pong mit einem Hecht.
Eine Ziege stört/stellt sich an einer Fliege.
Ein Affe springt/spricht hinter eine Giraffe.
Ein Löwe staunt/streitet über eine Möwe.

Ein Specht spielt

4 Welches Nomen oder Verb mit **Sp/sp** oder **St/st** versteckt sich
in den Wörtern? Schreibe die Nomen und Verben auf.

Ballsportart   Rückspiegel   Spülbecken   Sparschwein

Winterstiefel   Bleistift   Salzstange   Baustelle

Sport,

Schwierige Buchstabenverbindungen

1 Ordne die Wörter nach ihren Endungen.

> Koffer • Löffel • Rücken • Muschel • Himmel • Winter
> Knochen • Zucker • Wagen • Engel • Tochter • Messer
> Wurzel • Körper • Garten • Kissen • Stempel
> Regen • Besen • Fenster • Gabel

Wörter mit -er	Wörter mit -el	Wörter mit -en
Koffer		

2 Finde zu jedem Verb zwei passende Reimwörter.
Verwende die Anfangsbuchstaben in den Feldern.

> Manche Buchstaben sind am Wortanfang schwer zu hören. Achte beim Schreiben darauf.

br	kl	tr	br	bl	tr

kennen	singen	winken
brennen		

3 Sprich die Sätze deutlich. Setze den fehlenden Buchstaben ein.
Schreibe den Text ab. Male den eingesetzten Buchstaben an.

Meine Schwester tu r nt seh   ge   ne.

Ben le   nt fü   seinen Test.

Papa a   beitet im Ga   ten.

Mama wa   tet vo   de   Tü   .

Ich we   fe den Ball ins To   .

Meine Schwester turnt

In diesen Wörtern
ist das r schwer zu hören.
Achte beim Schreiben
darauf.

4 Schreibe das Gegenteil. Sprich die Wörter deutlich. Male **r** an.

trüb – *klar*   leicht –   weich –

weiß –   kalt –   reich –

5 Schreibe die Wörter zu den Bildern.

Kirsche

Ableiten: Wörter mit ä und äu

1 Male verwandte Wörter in der gleichen Farbe an.
Verwende für jedes Wortpaar eine andere Farbe.

Nächte	Gäste	Männer	Säfte	Mäntel

Mann	Saft	Nacht	Mantel	Gast

2 Schreibe die Wortpaare von Aufgabe 1 auf.
Male **ä** und **a** an.

Nächte – Nacht,

3 Finde zu allen Wörtern mit **äu** ein verwandtes Wort mit **au**.
Schreibe die Wortpaare auf. Male **äu** und **au** an.

Mäuse	Bäuche	Häuser	Zäune	Fäuste

Räume	Träume	Kräuter	Bäume

Mäuse – Maus

4 Verbinde die passenden Wortpaare.
Schreibe sie auf. Male **ä/a** und **äu/au** an.

| Räuber | Wäsche | Verkäufer | Läufer | Päckchen |

| waschen | packen | rauben | laufen | verkaufen |

Räuber – rauben,

5 Welche Wörter musst du ableiten? Unterstreiche.
Schreibe die Wörter mit ihren Ableitungen auf.

Die Klasse 2b macht heute eine Lesenacht.
Alle haben ihre Schlafsäcke und ihr Lieblingsbuch
dabei. Gemeinsam räumen die Kinder die Tische
zur Seite. Nach dem Abendessen dürfen sie lesen
oder spielen. Langsam werden alle müde. Es wird
ruhig im Gebäude. Auch Samira schläft bald ein.
Am nächsten Morgen gibt es frische Brötchen
vom Bäcker. Alle holen sich Teller und Gläser
aus der Schulküche und frühstücken gemeinsam.

Schlafsäcke – Schlafsack,

Verlängern: Wörter mit b, d und g

1 Zähle. Schreibe die Zahl mit dem Nomen auf.
Male **b**, **d** und **g** in den Wörtern an.

Korb – *12 Körbe*   Kind –

Hund –   Pferd –

Zwerg –   Berg –

Dieb –   Kleid –

2 Schreibe zu jedem Wort die Verlängerung. Male **b**, **d** und **g** an.

Tag – *Tage*   Freund –

Weg –   Lied –

Sieb –   Feld –

3 Verlängere die Wörter. Schreibe die Wortpaare auf. Male **b**, **d** und **g** an.

Land • Hand • Rad • Zug • Mond • Stab

Land – Länder,

4 Bilde Wortgruppen.

der	klug	Kind
die	rund	Freund
	lieb	Mond
das	fremd	Land

Es gibt mehrere Möglichkeiten!

das kluge

5 Löse die Rätsel. Überprüfe mit einem Wörterbuch.

Es fließt durch deinen Körper.

Ein wertvoller Ring aus ...

Ein anderes Wort für unsere Erde.

Damit kannst du Burgen bauen.

Wenn etwas lange dauert, brauchst du ...

Nach dem Sommer kommt der ...

B	l	u	t

Merkwörter mit V/v

1 Schreibe zu jedem Bild das passende Wort. Male **V** an.

Vater • Vulkan • Vase • Vogel

Vater

2 Setze **viel** oder **viele** ein.

Ich habe *viele* Freunde. Zusammen haben wir _____ Spaß.

Oft spielen wir Fußball. Da schießt Kim immer _____ Tore.

Sie spielt _____ besser als ich.

3 Passt **vor** oder **von** besser?
Unterstreiche richtig. Schreibe die Sätze.

Die Zuschauer jubeln vor/von Freude.
Mara erzählt vor/von ihrer Katze.
Papa macht ein Foto vor/von uns.
Esra wartet vor/von der Tür auf mich.

Die Zuschauer jubeln vor Freude.

4 Unterstreiche im Text die Wörter mit **V/v**.
Schreibe sie auf.

An <u>Karneval</u> darf sich jeder in der Schule verkleiden.
Ich gehe als Vampir und mein Freund Flo als Arzt.
Er ruft: „Komm, ich lege dir einen Verband an!"
„Später vielleicht", antworte ich. Meine vier anderen
Freunde stehen weiter vorne. Ich schleiche mich
vorsichtig von hinten an. Dann schreie ich laut.
Alle zucken zusammen. Mattis ärgert sich kurz.
Doch schnell vertragen wir uns wieder.

Karneval,

5 Löse die Rätsel. Überprüfe mit der Wörterliste oder einem Wörterbuch.

ein Instrument mit Tasten   K l a v i e r

eine Zahl

nicht hinter, sondern ...

nicht leer, sondern ...

gehorsam, artig

6 Schreibe einen Satz mit möglichst vielen Merkwörtern mit **V/v**.

Nomen

1 Kreuze alle Nomen an, die du auf dem Bild siehst.

☒ Spitzer	☐ Magnete
☐ Brot	☐ Trinkflasche
☐ Apfel	☐ Heft
☐ Schere	☐ Brotdose
☐ Brille	☐ Stundenplan
☐ Glas	☐ Radiergummi
☐ Bleistift	☐ Banane
☐ Kreide	☐ Tafel
☐ Schultasche	☐ Messer

2 Schreibe die angekreuzten Nomen auf.
Male alle großen Anfangsbuchstaben an.

Spitzer,

3 In jedem Drachen stecken drei Nomen. Schreibe sie auf.
Male alle großen Anfangsbuchstaben an.

Decke,

4 Ordne die Nomen. Schreibe sie auf.

Tante Mutter Hase Käfig Katze Baum
Blume Vater Pferd Gras Junge Moos Kiste
Maus Zaun Ente Opa Busch Stein Korb

Menschen	Tiere	Pflanzen	Dinge
Tante			

5 In jeder Zeile sind drei Nomen versteckt.
Unterstreiche sie.

TEE MERKEN SCHLECHT KEKS TORTE
BÄR SCHLANGE HOLEN BIENE NEU
BREIT BLUME BAUM GEBEN STRAUCH
TANTE FAHREN ENKEL RATEN ONKEL

6 Schreibe die Nomen von Aufgabe 5 richtig auf.

Tee,

Artikel

1 Male alle Dinge an, zu denen der Artikel **ein** passt.

- Korb
- Birne
- Drache
- Kugel
- Igel
- Buch

- Fahrrad
- Tasse
- Traube
- Apfel
- Haus
- Auto

2 Ordne alle Nomen von Aufgabe 1 nach ihren Artikeln.

• der	• die	• das
Korb		

3 In jeder Zeile hat ein Nomen einen anderen Artikel als die anderen.
Streiche die unpassenden Nomen durch.

Blatt   Jahr   ~~Regen~~   Gras

Erde   Kerze   Suppe   Keller

Teller   Wurst   Herbst   Tisch

Napf, Knochen, Leine, Ball

4 Schreibe nur die Nomen mit dem gleichen Artikel auf.

das Blatt,

5 Schreibe vor jedes Nomen den unbestimmten Artikel **ein** oder **eine**.

| *ein* | Teller | | Gabel | | Löffel |

| | Messer | | Decke | | Glas |

| | Tasse | | Becher | | Dose |

6 In jedem Satz steht ein Artikel vor einem Nomen.
Unterstreiche den Artikel und das Nomen.

Oma hat <u>die Familie</u> eingeladen.

Um 15 Uhr beginnt die Feier.

Hund Bruno begrüßt die Gäste.

Der Kuchen schmeckt allen sehr gut.

Opa holt die Kamera.

Alle lächeln für das Foto.

Dann packt Oma das Geschenk aus.

Tinka, die Katze, schaut neugierig zu.

7 Passt der bestimmte oder der unbestimmte Artikel besser?
Setze die passenden Artikel ein.

Hanna hat *ein* neues Computerspiel bekommen.

Ihre Freundinnen finden ____ Computerspiel toll.

Tim sucht ____ Geschenk.

____ Geschenk soll für seine Schwester sein.

Marie braucht ____ neue Jacke.

Sie nimmt ____ Jacke mit den roten Streifen.

Einzahl und Mehrzahl

1 In dem Gitterrätsel sind **zehn** Tiernamen versteckt. Kreise sie ein.

A	R	O	B	B	E	K	S	V	B
V	C	F	G	U	L	Ö	W	E	M
A	G	I	R	A	F	F	E	J	W
Y	K	R	O	K	O	D	I	L	N
A	F	F	E	N	Z	E	B	R	A
L	B	Ä	R	Z	V	O	G	E	L
B	Y	X	N	A	S	H	O	R	N
E	L	E	F	A	N	T	S	E	O

2 Schreibe die Tiernamen von Aufgabe 1 mit ihrem Artikel in die Tabelle. Schreibe die Mehrzahl dazu.

Einzahl	Mehrzahl
die Robbe	*die Robben*

3 Setze die Nomen in der Mehrzahl ein:

Bücher • ~~Sterne~~ • Hefte • Schwestern • Äpfel • Vögel • Flugzeuge • Birnen

Am Nachthimmel sehe ich den Mond und die *Sterne* .

Im Ranzen habe ich _____ und _____ .

Auf dem Rollfeld stehen große _____ .

Im Vogelnest sitzen mehrere junge _____ .

Zuhause habe ich einen Bruder und zwei _____ .

In meinen Obstsalat schneide ich _____ und _____ .

4 Schreibe die Nomen von Aufgabe 3 in der Einzahl mit Artikeln auf.

der Stern, _____

_____

_____

_____

5 Rechne und ergänze die Sätze.

1 Haus hat 1 Dach. *4 Häuser haben 4 Dächer.*

1 Auto hat 4 Räder. *3* _____

1 Hand hat 5 Finger. *3* _____

1 Käfer hat 6 Beine. *2* _____

Zusammengesetzte Nomen

1 Bilde aus den Puzzleteilen zusammengesetzte Nomen. Schreibe sie auf.

Sommer Märchen Topf Bett
Wasser Suppen Wetter Kanne
Puppen Kaffee Ball Buch

Sommerwetter,

2 Trenne die zusammengesetzten Nomen durch einen Strich.
Schreibe beide Nomen mit Artikeln auf.

das Sofakissen
das Sofa, das Kissen

der Fußball

das Vogelfutter

der Tierpark

3 Finde **vier** sinnvolle zusammengesetzte Nomen. Schreibe sie auf.

Spitze   Heim
Berg — Hand   Tier — Futter
Hütte   Papier

Bergspitze

Achtung, zwei Nomen passen nicht!

4 Jedes Bildpaar ergibt ein zusammengesetztes Nomen.
Schreibe es mit Artikel auf.

das 🏰 + das 👻   *das Schlossgespenst*

der 🐔 + das 🪹

der 🦶 + der ⚽

das 🏠 + die 🚪

5 Bilde zusammengesetzte Nomen. Schreibe sie mit dem Artikel auf.

Tier • Winter • Sport • Zahn • Würfel • Zwiebel
Tasche • Spiel • Wurzel • Schale • Jacke • Arzt

der Tierarzt,

6 Erkläre die zusammengesetzten Nomen.

Hamsterkäfig • Kuchenform • Futternapf

Ein Hamsterkäfig ist ein Käfig für

Verben

1 Schreibe die Verben unter die passenden Bilder:

schlafen • graben • gähnen • rufen • malen • baden

schlafen

2 Setze die Verben in die Sätze ein:

springt • schwimmt • tanzt • jagt • knabbert

Das Pferd *springt* über ein Hindernis.

Die Katze _____ eine Maus.

Der Hund _____ auf zwei Beinen.

Der Hase _____ eine Möhre.

Die Ente _____ im Teich.

3 Schreibe die passenden Verbformen auf. Male die Endungen an:

fragen • fliegen • malen

ich	lern**e**	*frage*		
du	lern**st**			
er sie es	lern**t**			
wir	lern**en**			
ihr	lern**t**			
sie	lern**en**			

4 Unterstreiche in jedem Satz das Verb.

Ein Polizeihund <u>verfolgt</u> Spuren.

Ein Schlittenhund zieht Schlitten mit Menschen und Sachen.

Ein Blindenhund führt einen blinden Menschen.

Ein Lawinenhund sucht Menschen im Schnee.

Ein Hirtenhund hütet die Schafe.

Ein Wachhund bewacht das Haus.

5 Schreibe die Verben von Aufgabe 4 so auf:

verfolgt – verfolgen,

Adjektive

1 Schreibe zu jedem Bild zwei passende Adjektive.

saftig • bequem • flüssig • teuer • süß • hoch
heiß • gelb • rund • spitz • schnell • bunt

flüssig

2 Finde die Gegensätze und schreibe sie in die passenden Zeilen.

heiß • hoch • viel • schnell • salzig | langsam • kalt • wenig • niedrig • süß

heiß

3 Ordne jedem Bild ein Adjektiv zu.
Schreibe den Satz. Unterstreiche das Adjektiv.

bequem • kalt • hart • leicht • ~~schnell~~

Das Auto ist <u>schnell</u>.

4 Was fehlt in dem Bild? Zeichne es ein.
Unterstreiche in den Sätzen die Adjektive.

<u>Bunte</u> Blumen blühen
hinter dem roten Zaun.

Auf der grünen Wiese
stehen graue Schafe.

Am blauen Himmel sind
dunkle Wolken zu sehen.

Der Mann trägt einen
kleinen Hut und
einen schicken Anzug.

Das schiefe Haus hat
ein kleines Fenster.

Wortstamm und Wortfamilie

1 Unterstreiche alle Wörter mit dem Wortstamm **Spiel/spiel**.

Am Spielenachmittag darf immer
ein anderes Kind das Spiel aussuchen.
Farwa möchte ein Würfelspiel spielen.
Die Kinder lesen sich die Spielregeln durch.
Sechs Spieler können auf dem Spielfeld
mitspielen. Wer eine Vier würfelt,
muss den anderen etwas vorspielen.
Simon ist als Erster dran. Prompt würfelt er
eine Vier. Zum Glück erraten die Mitspieler
den Begriff sofort.

2 Bilde Wörter mit dem Wortstamm **Steck/steck**. Unterstreiche den Wortstamm.

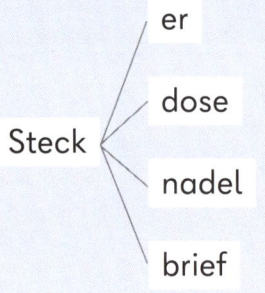

Steck — er, dose, nadel, brief

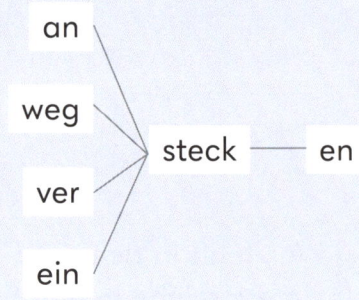

an, weg, ver, ein — steck — en

Stecker, _____

_____

_____

_____

3 Kennzeichne jede Wortfamilie mit der gleichen Farbe.
Unterstreiche die Wortstämme **Kauf/kauf** und **Lauf/lauf**.

Laufschuhe   Kaufhaus   weglaufen   Läufer   einkaufen

Einkaufswagen   Auslauf   Verkauf   verlaufen   Einkaufstasche

4 In jeder Zeile passt ein Wort nicht in die Wortfamilie. Streiche es durch.

Fangarm   Fänger   Gefängnis   ~~festhalten~~   einfangen

anrufen   Anrufbeantworter   Anruf   Telefon   zurückrufen

Maler   malen   Pinsel   Gemälde   Bemalung   Malkasten

5 Setze passende Wörter mit dem Wortstamm **Back/back** ein.

backen • Backform • Backofen • Backrezept • ~~gebacken~~ • Backbuch

Oma und Tim haben schon oft leckere Kuchen *gebacken* .

Heute möchten sie ein neues _____ ausprobieren.

Sie blättern in Omas altem _____ . Tim möchte gern

einen Schokokuchen _____ . Sobald der Teig fertig ist,

füllt ihn Tim in eine _____ . Nach 30 Minuten holt

Oma den fertigen Kuchen aus dem _____ .

6 Finde Wörter mit den Wortstämmen **Bau/bau** und **Bad/bad**.
Unterstreiche die Wortstämme.

Bau/bau	Bad/bad

Wörterspiele

1 Lies laut. Unterstreiche in jedem Satz die Reimwörter.

Ein Fisch, so frisch, liegt unterm Tisch.
Mit ihren Nasen machen Hasen Seifenblasen.
In der Ecke kriecht die Schnecke auf die Decke.
In der Wiege liegt die Ziege mit der Fliege.
Im Sturm sitzt ein Wurm auf dem Turm.
Heute trägt sogar der Wal einen Schal aus dem Regal.

2 Entziffere die geheime Botschaft.

A	B	C	D	E	F	G	H	I	J	K	L	M
1	2	3	4	5	6	7	8	9	10	11	12	13

N	O	P	Q	R	S	T	U	V	W	X	Y	Z
14	15	16	17	18	19	20	21	22	23	24	25	26

11	15	13	13	5
K	O			

8	5	21	20	5

21	13

22	9	5	18

26	21

13	9	18

.

5	19

9	19	20

7	5	8	5	9	13

.

19	1	7	5

5	19

11	5	9	14	5	13

.

3 Schreibe verschlüsselte Botschaften an deine Freunde.

4 In jedem Rahmen haben immer drei Wörter den gleichen Anfangsbuchstaben. Entscheide dich für einen Anfangsbuchstaben und bilde mit diesen Wörtern einen Satz.

kauft Hanna	backen Sina	Kekse Mia	Fliegen Lisa
Husten Kim	Brote stundenlang	kaufen mag	lacht Frösche
Kuchen hat	spielt Bäcker	Muscheln Kinder	fangen laut

Kim kauft Kuchen.

5 Lies die Wörter richtig und möglichst schnell vor.

Gartenkinder   Hausbaum   Buchbilder   Zeugspiel   Wehrfeuer

Zaungarten   Wurmohr   Schüsselsalat   Hausschnecken   Ballfuß

6 Schreibe die Nomen richtig und mit Artikeln auf.

der Kindergarten,

Wortbausteine

1 Bilde mit den Wortbausteinen neue Verben. Schreibe sie auf.

sagen		nehmen
auf / aus		weg / ein
vor / an		über / mit

aufsagen,

2 Würfele zu jedem Verb mindestens 4 mal. Kein Wortbaustein darf gleich sein.

⚀	⚁	⚂	⚃	⚄	⚅
ab	mit	nach	auf	aus	vor

schreiben	geben
abschreiben	

3 Setze die passenden Wortbausteine ein.
Schreibe die Sätze auf.

Lisa will das Geschenk *ein* packen.

Jan muss sein Pausenbrot _____ packen.

Papa möchte den Einkauf _____ packen.

Lisa will das Geschenk

4 Schreibe möglichst viele Verben mit dem Wortbaustein **ab** auf.

abfahren,

Aussagesätze und Fragesätze

1 Verbinde die passenden Satzteile.

Die Clowns	zeigt	Einrad.
Kleine Ziegen	spielen	seinen Zylinder.
Akrobaten	springen	durch Reifen.
Der Zauberer	hüpft	Harmonika.
Ein Hase	klatschen	begeistert.
Alle Kinder	fahren	heraus.

2 Wähle vier Sätze und schreibe sie auf.

Die Clowns spielen Harmonika.

3 Verbinde passende Fragen und Antworten. Ergänze die Satzzeichen.

Was ist ein altes Zauberwort **?**	Ein großer Zauberer heißt Merlin
Womit zaubern viele Zauberer	Jeder kann Zaubertricks lernen
Wie heißt ein großer Zauberer	Sie zaubern mit einen Zauberstab
Wer kann Zaubertricks lernen	Abrakadabra ist ein altes Zauberwort **.**

4 Finde die passenden Fragewörter und schreibe die Sätze.

Jan und Samira
arbeiten gut zusammen.

Wer

... arbeitet gut zusammen?

Die Klasse 2a leiht sich
Bücher aus.

... leiht sich die Klasse 2a aus?

Ben hat sein Heft
in der Schule vergessen.

... hat Ben sein Heft vergessen?

Simon isst gerne grüne Äpfel.

... Äpfel isst Simon gerne?

5 Ein neuer Schüler ist in die Klasse gekommen.
Überlege dir passende Fragen zu seinen Antworten. Schreibe sie auf.

Wie

Alexander, aber alle
sagen Lexi zu mir.

Ja, eine Schwester,
sie ist in der 4a.

Ich bin 7 Jahre alt.

Ja, am liebsten
Detektivgeschichten.

Satzarten und Satzschlusszeichen

1 Robo macht alles falsch. Gib ihm neue Befehle. Schreibe die Sätze auf.

Robo soll

die Blumen in die Vase stellen

den Tee in die Tasse gießen

die Eierschalen in den Müll werfen

das Geschirr ins Regal stellen

das Küchenfenster putzen

Stelle die Blumen in die Vase!

Gieße

Wirf

Räume

Putze

2 Sprich die Sätze von Aufgabe 1 in freundlichem Ton und ohne Nachdruck.

3 Sprich Satz für Satz. Trage die fehlenden Satzschlusszeichen ein.

Papa wartet an der Tür   .   Florian ist ganz aufgeregt

Sie gehen heute ins Fußballstadion

Wo ist nur sein Fußballschal

Gestern hat er ihn doch noch angehabt

Er möchte ihn so gerne ins Stadion mitnehmen

Wer könnte ihn nur weggeräumt haben

Zu blöd, dass er ihn nicht früher gesucht hat

So ein Mist   Nun muss er wohl ohne ihn gehen

Papa ruft: „Komm endlich, wir verpassen den Anpfiff   "

Er klingt jetzt richtig ungeduldig   Florian rennt los

4 Schreibe zu jedem Bild einen Aussagesatz,
einen Fragesatz und einen Aufforderungssatz.

Kleine Texte schreiben

1 Kreuze das richtige Bild zum Rätsel an.

Es hat eine Tür und drei Fenster.

Eine Familie wohnt darin.

Das Dach ist rot.

Davor ist ein Garten.

Auf der Wiese stehen zwei Bäume.

2 Schreibe einen Rätseltext zu einem der anderen Bilder. Die Stichworte helfen dir.

| Fahne – Brunnen – Türme | blau – krummer Schornstein – Blumenwiese |

Es hat eine Tür und

3 Kreuze die Stichworte an, die zum Trampolin passen.

X Sportgerät

☐ damit hupen

☐ ist rund

☐ steht auf Ständern

☐ hat ein Lenkrad

☐ Auspuff hinten

☐ ist eckig und rot lackiert

☐ hat ein Sprungtuch

☐ Fahrzeug

☐ darauf hüpfen

☐ fährt auf Rädern

☐ Netz außen herum

4 Beschreibe das Trampolin. Die angekreuzten Stichworte helfen dir.

Das Trampolin ist ein Sportgerät.

5 Beschreibe den Kuchen auf dem Bild.

Kastenform   gelb   schmeckt nach...

Zuckerguss   ist verziert mit...

Der Kuchen hat

Geschichten planen

1 Schau dir die Bilder an. Nummeriere die Stichworte in der richtigen Reihenfolge.

☐ stürmischer Morgen		*1* Felix – Junge – coole Mütze	
☐ durch den Park – Schule		☐ Wind bläst – Mütze auf Baum	

2 Schreibe die Sätze in der richtigen Reihenfolge auf.

> Felix ist ein kleiner Junge mit einer coolen Mütze.
> Plötzlich bläst der Wind seine Mütze auf einen Baum.
> Er ist an einem stürmischen Morgen unterwegs.
> Durch den Park läuft er zur Schule.

So ein Pech!

Felix

3 Ordne die Stichworte den Bildern zu.

Anna – Latzhose – Mädchen – Eis fällt – Sand – heißer Tag –
Schaukel – kauft Eis – Spielplatz

Anna

4 Schreibe mit den Stichworten von Aufgabe 3 eine kurze Geschichte.

Anna

Geschichten entwickeln

1 Das sind Ayleen und ihr kleiner Bruder Mika.
Überlege dir einen Anfang für eine Geschichte.
Wähle dazu drei passende Stichworte aus und male sie an.

Ayleen und Mika ...

sitzen	nachmittags	im Garten.
liegen	an einem heißen Tag	auf dem Spielplatz.
spielen	nach der Schule	auf der Wiese im Freibad.

2 Wähle aus, was passiert. Male die passenden Kärtchen an.

Plötzlich ziehen dunkle Gewitterwolken auf.

Mika klettert auf das Klettergerüst.

Er rutscht aus und fällt in den Sand.

Der Wind bläst wild.

„Aua!", schreit er und hält sich den Arm.

Dicke Tropfen prasseln vom Himmel.

3 Wähle aus, was danach passiert.
Male passende Stichworte für deine Geschichte an.

rennen zur Umkleide   Sanitäter kommen   Krankenhaus

nach Gewitter ins Wasser   stellen sich unter   Ayleen holt Hilfe

4 Schreibe die Geschichte auf. Überlege dir eine passende Überschrift.

5 Überprüfe deine Geschichte und unterstreiche in verschiedenen Farben:

Wer kommt in der Geschichte vor?

Wann spielt die Geschichte?

Wo spielt die Geschichte?

Was geschieht?

Was passiert Überraschendes?

Wie klärt sich alles?

Ist in deiner Geschichte alles Wichtige drin?

Bildergeschichten aufschreiben

1 Schreibe neben jedes Bild den passenden Satz.

Er fliegt immer höher, genau auf die Schaukel zu.	Ida rennt mit der Fernbedienung hinterher.
Der Hubschrauber landet sicher und Ida liegt im Planschbecken. Wie blöd!	Ida lässt ihren neuen Hubschrauber im Garten fliegen.

Ida lässt

2 Ergänze die Stichworte zu den Bildern.

Tim, Computer,

3 Schreibe die Geschichte von Aufgabe 2 auf.

Was passiert zwischen den Bildern?

Das spannende Computerspiel

Texte überarbeiten

1 Streiche die Satzanfänge durch.
Ersetze sie durch den passenden Satzanfang.

| Schnell | Auf einmal | Plötzlich | Traurig |

Das Mädchen spielt im Hof mit einem neuen Ball.

Auf	~~Dann~~ rollt der Ball zum Hoftor hinaus.
	Dann läuft das Mädchen hinterher.
	Dann kommt ein Hund und beißt in den Ball.
	Dann ruft das Mädchen: „Der schöne, neue Ball!"

2 Schreibe die Geschichte von Aufgabe 1 mit den neuen Satzanfängen auf.
Überlege dir einen Namen für das Mädchen und eine passende Überschrift.

spielt im Hof mit einem

3 Prüfe Satzanfänge, Nomen und Satzzeichen.
Finde die **sieben** Fehler und male sie an.

wenn ich spiele, stört mich manchmal der hund von nebenan

Gerne beißt er in meinen wunderschönen ball.

gestern ist der neue Ball dabei mit einem lauten knall zerplatzt

4 Schreibe den Text ohne Fehler ab.

Wenn ich spiele,

5 Ersetze das Verb **essen** durch passende Verben.

| schmatzen | schlecken | kauen | probieren | verspeisen |

Hurra, ein Picknick. Wir _____ von allen Speisen ein bisschen.

„Nicht so laut _____!", ruft Mama.

Wir _____ alles bis auf den letzten Krümel.

Zum Schluss _____ wir noch ein leckeres Eis.

Den Zahnputz-Kaugummi müssen wir ganz schön lange _____.

Informationen sammeln

1 Lies den Text über Eichhörnchen.
Unterstreiche zu jeder Frage die passende Antwort.

Eichhörnchen

Eichhörnchen leben <u>im Wald oder im Park</u>.

Sie werden etwa 25 cm groß.

Mit ihren langen Krallen können sie geschickt

auf Bäume klettern. Oft springen sie auch

von Ast zu Ast. Den buschigen Schwanz benutzen

Eichhörnchen dabei als Steuer. Er ist fast so lang,

wie der ganze Körper. Im Herbst sammeln

Eichhörnchen Vorräte für den Winter.

Aber sie fressen nicht nur Nüsse, Samen und Früchte.

Sie rauben manchmal auch Eier aus Vogelnestern.

1. Wo leben Eichhörnchen? 2. Wie groß werden sie?

3. Wie benutzen Eichhörnchen den buschigen Schwanz?

4. Was sammeln sie im Herbst? 5. Was rauben sie aus Vogelnestern?

2 Ergänze die Antworten auf die Fragen.

1. Eichhörnchen leben *im Wald oder im Park.*

2. Sie werden etwa

3. Den buschigen Schwanz benutzen Eichhörnchen

4. Im Herbst sammeln sie

5. Manchmal rauben sie aus Vogelnestern

3 Überlege dir Fragen zu den markierten Informationen.

Die Dinosaurier lebten vor Millionen Jahren.
Manche hatten <mark>Hörner, Panzer, messerscharfe
Krallen, und große Zähne.</mark> Einige bewegten sich
auf vier Beinen, andere liefen auf zwei Beinen.
Als Dinosaurier wurden nur die <mark>Landsaurier</mark> bezeichnet.
Es gab aber noch <mark>Flugsaurier und Meeressaurier.</mark>
Viele Dinosaurier waren Pflanzenfresser, die sich
von <mark>Blättern, Zweigen und Gras</mark> ernährten.
Einige waren aber auch Fleischfresser und Jäger.
<mark>Vor etwa 65 Millionen Jahren</mark> starben sie
plötzlich aus. Unser Wissen über die Dinosaurier
verdanken wir ihren versteinerten Knochen, Zähnen
und Fußspuren. Diese Überreste nennt man Fossilien.

<mark>Was...?</mark>   <mark>Welche...?</mark>   <mark>Was...?</mark>   <mark>Wann...?</mark>

Was hatten

4 Überlege dir weitere Fragen zum Text.
Unterstreiche, wo du die Antworten dazu findest.

Wann lebten

Texte vortragen

1 Lies den Anfang der Geschichte. Übe, ihn vorzutragen.
Mache bei jedem Strich eine kleine Pause.
Betone die unterstrichenen Wörter.

In der Achterbahn

In der <u>Stadt</u> | gibt es einen <u>großen</u> Jahrmarkt. |

Es gibt <u>viele Stände</u> mit <u>Süßigkeiten</u>. |

Aber auch eine <u>Geisterbahn</u> und ein <u>Kettenkarussell</u>. |

Beim <u>Autoscooter</u> ist <u>besonders</u> viel los. |

Doch <u>Karla</u> und <u>Elias</u> wollen <u>heute</u>

mit der großen <u>Achterbahn</u> fahren! |

2 Lies den Text mehrmals.
Trage für die Pausen Striche ein.
Unterstreiche in jedem Satz ein oder zwei Wörter, die du betonen willst.

Sie steigen <u>ein</u>. | Dann sind alle <u>Wagen</u> <u>besetzt</u>. |

Langsam setzen sie sich in Bewegung.

Und es geht hoch hinaus!

Dann saust die Bahn wieder steil hinab.

Sie rast um eine Kurve und fährt auf den Looping zu.

Plötzlich wird sie langsamer und bleibt

mitten im Looping stehen.   Alle hängen fest in ihrem Sitz.

Oh Schreck!   Manche rufen.   Elias bekommt große Angst.

Aber Karla bleibt ruhig.   Sie sagt:

„Es geht bestimmt gleich weiter!"   Und so ist es auch.

Die Bahn setzt sich wieder in Bewegung.

Alle die es wollen, dürfen noch einmal

kostenlos fahren.   Karla fährt sofort mit.

Elias schaut lieber zu.   Dieses Mal saust

die Bahn ohne Probleme durch den Looping.

Karla strahlt!

SB
S. 136

3 Karla und Elias erzählen zu Hause von ihrem Abenteuer.
Ordne die Sätze zu. Unterstreiche Wörter, die du betonen willst.

Ich hatte solche Angst!

Mit dieser Bahn fahre ich nie wieder!

Ich fand es lustig, mit dem Kopf nach unten zu hängen.

Ich bin nochmal mitgefahren!

Ich hatte solche Angst.

4 Lies die Fragen. Betone immer das unterstrichene Wort.
Ordne die Antworten zu.
Welches Wort musst du in der Antwort betonen? Unterstreiche es.

Hattest du große Angst?

Nein, ich hatte nur ein bisschen Angst.

Hattest du große Angst?

Nein, Elias hatte große Angst.

Gehen wir morgen auf den Jahrmarkt?

Nein, du darfst mit Opa gehen.

Gehen wir morgen auf den Jahrmarkt?

Nein, wir können erst am Samstag.

Einladungen

1 Zwei Sätze passen nicht zu einer Geburtstagseinladung. Streiche sie durch.

Liebe Anna,

ich lade dich zum Ritterfest ein! Wir spielen Ritterspiele
und kämpfen mit einem Drachen. Komm bitte passend verkleidet.
Ich mache immer meine Hausaufgaben. Das Fest findet
auf meiner Burg statt. Die Adresse ist Kirchweg 9. Im Wald
stehen viele Bäume. Beginn: 3. August, 14.00 Uhr.
Ende: 18.00 Uhr.
Dein Linus

2 Schreibe die Einladung richtig auf.

Liebe Anna,

3 Denke dir eine Feier aus. Ergänze die Einladung.

Einladung zu _____

Anrede

Liebe

Einladung wozu

ich lade dich

_____

Ort

Die Adresse ist:

_____

Datum, Beginn

_____

Ende

_____

Grüße

_____

4 Was darf man bei einer Einladung nicht vergessen? Kreuze an.

X Anrede   ☐ Frisur   ☐ Schultasche

☐ Uhrzeit   ☐ Tagebuch   ☐ Adresse

☐ Datum   ☐ Anlass   ☐ Gruß

Steckbriefe und Diagramme

1 Bei jedem abgebildeten Kind fehlt etwas aus dem Steckbrief.
Vergleiche genau. Ergänze auf den Bildern, was fehlt.

Name:	Tim	Name:	Paula
Haare:	blond, kurz	Haare:	schwarze Zöpfe
Augenfarbe:	blau	Augenfarbe:	braun
Merkmal:	Brille	Merkmal:	Sommersprossen
Lieblingskleidung:	kurze Hosen	Lieblingskleidung:	gestreifte T-Shirts
Eigenschaft:	hilfsbereit	Eigenschaft:	fröhlich
Hobby:	Bücher	Hobby:	Waveboard

2 Ergänze den Steckbrief.

Name: *Hakan*

Haare:

Augenfarbe:

Merkmal:

Lieblings-
kleidung:

Eigenschaft:

Hobby:

3 Male eine Person. Schreibe den passenden Steckbrief.

Name:

Haare:

Augenfarbe:

Merkmal:

Lieblings-
kleidung:

Eigenschaft:

Hobby:

4 Zeichne ein Diagramm: Ein Kind = ein Kästchen.

Brillen	Buch	Rucksäcke	kurze Haare	kurze Ärmel	lange Ärmel	Sportgeräte

Bastelanleitungen

1 Ordne die Bastelanleitung für Papierhände.

Drücke danach die Handfläche fest auf ein weißes Papier.

Bestreiche deine Hand zuerst mit Fingerfarbe.

Schreibe zuletzt den Namen auf die Hand.

Du brauchst: Stift, Fingerfarbe, Papier, Schere.

Schneide dann die Hand aus.

Händeabdruck

Händeabdruck
Du brauchst: Pinsel,

2 Schreibe einen passenden Schlusssatz.

Du kannst deine Hand ....　　　　Hängt die Hände ....　　　　　....

3 Schreibe mit den Stichworten eine Anleitung für das Schmetterlingsbild.

Papier, Wasserfarbe,
Pinsel

Blatt noch einmal falten, darüberstreichen

Farbkleckse in eine
Blatthälfte malen

Blatt falten,
wieder aufklappen

Schmetterlinge erscheinen beim Aufklappen.

Schmetterlingsbild

Du brauchst:

Rezepte

1 Nummeriere die Rezeptschritte in der richtigen Reihenfolge.
Schreibe danach das Rezept in ganzen Sätzen auf.

☐	Äpfel schälen, raspeln und sofort in die Soße geben
☐	auch Möhren schälen, raspeln und zu der Soße geben
☐	alles gut umrühren

1	Zutaten: 2 Möhren, 2 Äpfel, 1 Teelöffel Zitronensaft, 1 Esslöffel Öl, 1 Esslöffel Wasser, 1 Teelöffel Zucker
☐	aus Zitronensaft, Wasser, Zucker und Öl eine Soße anrühren

Apfel-Möhren-Salat

Zutaten:

Rühre zuerst

Schäle danach

Schäle anschließend

Rühre zum

2 Leckerer Eistee!
Schreibe die Rezeptschritte auf.

Zutaten: 1 Liter Wasser, 3 Beutel Früchtetee,
Saft von einer Zitrone, 1 Esslöffel Zucker

3 Oh lecker, Banane-Himbeer-Milch! Schreibe das Rezept auf.

250 g gefrorene Himbeeren   etwas Zitronensaft

eine Banane   500 ml Kuhmilch oder Pflanzenmilch

Gedichte schreiben

1 Wähle eine Jahreszeit für ein Wortgedicht.
Schreibe die Buchstaben der Jahreszeit untereinander in die Kästchen.

H E R B S T   W I N T E R

2 Schreibe in jede Zeile ein Wort, das mit dem Buchstaben im Kästchen beginnt.
Es soll zur Jahreszeit passen.

September   Trauben   Ernte   Blätter

Eiszapfen   Haselnüsse   Rauch   Regen

Weihnachten   Iglu   Nikolaus   Tannenbaum

3 Setze die Zeilen des Frühlingsgedichtes ein.

dass es in den Ohren klingt.

macht ein schwarzes Männchen Krach.

Es ist wieder Frühlingszeit!

Auf dem Haus, auf dem Dach

macht ein schwarzes

Flötet, zwitschert, jubelt, singt,

Reißt den Schnabel auf und schreit:

Heinz Brand

4 Ergänze die Reime des Sommergedichts.

Den Sommer find ich wunderbar,

ins Freibad will ich, das ist *klar* !

Ich werde in der Sonne schwitzen,

danach mit kühlem Wasser _____,

neue Sprünge vom Sprungbrett proben,

mit Freunden durchs Becken _____,

von der hohen Rutsche rutschen,

genüsslich Eis am Stiel dann _____.

Ins Freibad will ich, das ist klar,

den Sommer find ich _____!

Botschaften schreiben und entschlüsseln

1 Schreibe das ABC auf der äußeren Scheibe fertig.

2 Entziffere die Wörter und schreibe sie auf.

AVALURVWM — *Totenkopf*

ZJOHAGRHYAL

HBNLURSHWWL

OVSGILPU

NVSKZJOHAG

RSHIHBALYTHUU

3 Setze die Anfangsbuchstaben zusammen. Schreibe die Wörter.

Pirat

4 Wie heißt die Botschaft?

	P	I	R	A	T
P	A	B	C	D	E
I	F	G	H	I/J	K
R	L	M	N	O	P
A	Q	R	S	T	U
T	V	W	X	Y	Z

PP = A
PI = B
PR = C
PA = D
PT = E
und so weiter ...

PA	PT	AI
D	E	R

AR	PR	IR	PP	AA	TT

IA	AR	AA

PP	AT	IP

PA	PT	RI

RI	PT	PI	AI	PT	AR	II	AI	AT	RR

1. Jo-Jo-Seite

1 Schreibe unter jedes Bild das passende Nomen.

Punkte
8

2 Ordne die Nomen aus Aufgabe 1 nach dem ABC.
Ordne zuerst Zeile 1, danach Zeile 2.

Punkte
8

3 Ergänze die **bestimmten** Artikel.

Punkte
9

_____ Brot

_____ Koffer

_____ Kind

_____ Bett

_____ Klasse

_____ Hund

_____ Name

_____ Garten

_____ Katze

4 Unterstreiche die Nomen in diesen Farben:
Menschen, Tiere, Pflanzen, Dinge.

Punkte
12

Auto • Katze • Mutter • Blume • Hund • Mann

Kürbis • Fahrrad • Igel • Apfel • Bus • Kind

zu den Sprachbuchkapiteln 1–3:
Großschreibung von Nomen; Nomen nach dem ABC ordnen;
bestimmte Artikel zuordnen; Nomen nach Kategorien ordnen

2. Jo-Jo-Seite

1 Setze die fehlenden Selbstlaute (Silbenkönige) ein.

Punkte
10

H f   K nd   B nk   H ft   M nd

St rn   T sch   Br t   H nd   H nd

2 Schreibe die Nomen mit dem **bestimmten** Artikel auf.

Punkte
10

3 Setze die Mitlaute am Wortanfang ein.
Schreibe die Nomen mit dem **unbestimmten** Artikel auf.

Punkte
5

latt   eller   atze   aus   aus

4 Schwinge die Wörter. Zeichne Silbenbögen.

Punkte
6

Buch   Puppe

Schiff   Blume

Würfel   Haus

zu den Sprachbuchkapiteln 1–3:
Selbstlaute und Mitlaute ergänzen; Nomen mit bestimmten
und unbestimmten Artikel aufschreiben; Silben schwingen

75

3. Jo-Jo-Seite

1 Ordne jedem Bild ein passendes Verb zu.

Punkte
6

schreiben

spielen

schlafen

arbeiten

schlecken

lesen

2 Setze die Verben aus Aufgabe 1 in der richtigen Form ein.

Punkte
6

Opa _____ im Garten.

Lisa _____ einen Brief.

Das Baby _____ ruhig im Wagen.

Sven _____ ein spannendes Buch.

Tom und Sabrina _____ Ball.

Ayshe _____ ein großes Eis.

3 Finde in jeder Zeile das Verb und unterstreiche es.

Punkte
3

OPA	EIS	BLUME	ESSEN	BRIEF	STUHL
BABY	LESEN	GARTEN	BALL	ZEITUNG	
BUCH	TISCH	WAGEN	GLAS	SCHLAFEN	

zu den Sprachbuchkapiteln 1–3:
Verben zuordnen; Veränderung von Verben im Satz;
Verben und Nomen unterscheiden

4. Jo-Jo-Seite

1 Finde heraus, wo die Sätze enden.
Setze nach jedem Satzende einen Punkt.

Punkte
4

heute Nacht hat es endlich geschneit die Kinder freuen sich auf die erste Schlittenfahrt sie wollen auch einen Schneemann bauen er soll eine Mohrrübe als Nase bekommen

2 Schreibe den Text ab.
Denke daran, worauf du achten musst.

Punkte
8

3 Lies die Sätze laut.
Setze nach jedem Satz das passende Satzschlusszeichen.

Punkte
6

Ich habe meine Brotdose vergessen

Holst du mich zum Fußballspielen ab

Ich bezahle das Eis von meinem Taschengeld

Ich bin müde

Kannst du mir mal helfen

Gehst du gern zum Klavierunterricht

. ?

. ?

. ?

zu den Sprachbuchkapiteln 4–6:
Satzgrenzen erkennen; Großschreibung am Satzanfang;
Frage- und Aussagesatz unterscheiden

77

5. Jo-Jo-Seite

Punkte
10

1 Zerlege die zusammengesetzten Nomen. Schreibe sie mit Artikeln auf:
die Holzleiter = das Holz, die ...

Holzleiter • Spielplatz • Astgabel • Waldrand • Haustür

Punkte
4

2 Immer zwei Nomen gehören zusammen.
Schreibe die zusammengesetzten Nomen mit dem Artikel auf.

Baum · Apfel · Schnee · Segel
Ball · Schiff · Haus · Kuchen

Punkte
16

3 Male in jedem Wort den Zwielaut an:
au = blau, ei = gelb, eu = rot.

Baum   Schwein   Feuer   Haus   zeigen

laut   Teufel   Pause   heiß   schreiben   kaufen

Freude   Maus   leise   Weihnachten   fein

zu den Sprachbuchkapiteln 4–6:
zusammengesetzte Nomen trennen;
zusammengesetzte Nomen bilden; Zwielaute erkennen

6. Jo-Jo-Seite

1 Schreibe zu jedem Nomen die Mehrzahl.

Punkte
8 |

das Buch – _____   der Kopf – _____

die Hand – _____   das Haus – _____

der Garten – _____   die Puppe – _____

das Schiff – _____   das Spiel – _____

2 Schreibe die verwandten Wörter mit **a** und **au**.

Punkte
8 |

Kämme – _____      Räume – _____

Bänke – _____   Zäune – _____

Gäste – _____   Mäuse – _____

Äpfel – _____   Bäume – _____

3 Finde alle Wörter mit **ie**. Male **ie** an.

Punkte
10 |

Es ist wieder Frühling.

Die Sonne scheint und es ist warm.

Hummeln fliegen zu den ersten Blüten.

Auf der großen Wiese im Park spielen Kinder.

Ein Mann im Liegestuhl liest Zeitung.

Die alte Frau auf der Bank sieht den Kindern zu.

Alle genießen den Frühling.

zu den Sprachbuchkapiteln 4–6:
Mehrzahlformen bilden; verwandte Wörter
mit a und au suchen; Wörter mit ie identifizieren

79

7. Jo-Jo-Seite

1 Setze **Sp/sp** oder **St/st** richtig ein.

Punkte
10 |

das ___iel ___ringen die ___adt ___ehen der ___ein

___ät der ___ort ___ecken ___itz der ___ern

2 Welche Wortbausteine passen zu **suchen**?
Schreibe die neuen Verben auf:

Punkte
5 |

be an über aus ein ver durch ob unter

suchen

3 Setze das Verb **suchen** mit den passenden Wortbausteinen ein.

Punkte
5 |

Papa will sein Glück beim Lotto _____ .

Der Detektiv wird den Diebstahl _____ .

Am Sonntag werde ich meine Tante _____ .

Ich darf mir im Buchladen ein Buch _____ .

Die Polizei will die Wohnung _____ .

zu den Sprachbuchkapiteln 7–9:
Sp/sp und St/st einsetzen; mit Wortbausteinen
neue Verben bilden und in Sätzen verwenden

8. Jo-Jo-Seite

1 | Suche alle Wörter mit **v**. Male **v** an.

Punkte
8

Es ist ein kalter Tag im November. Max und Vera spielen

Verstecken. Max versteckt sich hinter einem langen Vorhang.

Plötzlich kracht es. Max schaut vorsichtig nach.

Der dicke Kater Valentin hat die schöne Vase umgestoßen!

2 | Lies den Text von Aufgabe 1. Beantworte die Fragen in kurzen Sätzen.

Punkte
4

Wie ist der Tag?

Wie ist der Vorhang?

Wie ist der Kater?

Wie ist die Vase?

3 | Verbinde die Gegensatzpaare.

Punkte
8

dünn   warm

fröhlich

jung

klein

langsam   leer

weit   schnell

groß

alt

voll   nah

kalt   dick

traurig

4 | Schreibe die Gegensatzpaare von Aufgabe 3 auf.

Punkte
8

zu den Sprachbuchkapiteln 7–9:
Wörter mit v identifizieren; Fragen zum Text beantworten;
Adjektive: Gegensatzpaare verbinden und aufschreiben

81

9. Jo-Jo-Seite

1 Unterstreiche die Wortstämme **Spiel/spiel**, **Ess/ess**, **Lauf/lauf** in unterschiedlichen Farben: Spiel/spiel, Ess/ess, Lauf/lauf.

Spielerin	laufend	essbar	Spielplatz	Esstisch
verlaufen	Würfelspiel	Laufband	Spielzeug	gegessen
Esser	spielerisch	Esslöffel	Läufer	Mittagessen
Ballspiel	Essecke	auslaufen	vorspielen	Wettlauf

2 Schreibe die Wörter von Aufgabe 1 nach Wortfamilien geordnet auf.

spielen:

essen:

laufen:

3 Schreibe die Nomen zu den Bildern auf. Male die Endung an.

zu den Sprachbuchkapiteln 10–12:
Wortstamm identifizieren, Wörter nach Wortfamilien ordnen;
Schwierige Buchstabenverbindungen: Endungen -er, -el, -en

10. Jo-Jo-Seite

1 Lies die Sätze in den Sprechblasen laut.
Setze nach jedem Satz das richtige Satzzeichen.

Punkte
6

Wer will zuerst erzählen

Hört mal alle zu

Ich war gestern im Zoo

Hast du die Robben gesehen

Ich habe ein Bild mitgebracht

Zeig mal her

2 Ordne die Sätze von Aufgabe 1 den richtigen Satzarten zu.

Punkte
6

Aussagesätze:

Fragesätze:

Ausrufesätze:

zu den Sprachbuchkapiteln 10–12:
Satzarten unterscheiden und passende Satzschlusszeichen setzen;
Sätze den passenden Satzarten zuordnen

11. Jo-Jo-Seite

1 Verlängere die Wörter. Schreibe die Wortpaare.

Punkte
6

Hand • Dieb • Berg • Freund • Korb • Tag

2 Setze die passenden doppelten Mitlaute ein.

Punkte
12

nn   pp   ss   tt

Mu___er   Rü___el   Ka___e

Se___el   Bu___er   Schü___el

Tre___e   Su___e   We___er

Li___e   Ki___en   So___e

3 Schreibe die Wörter von Aufgabe 2 nach doppelten Mitlauten geordnet auf.

Punkte
12

tt:

ss:

nn:

pp:

zu den Sprachbuchkapiteln 10–12:
Wörter mit Auslautverhärtung verlängern und Wortpaare aufschreiben;
doppelte Mitlaute einsetzen und Wörter danach ordnen

12. Jo-Jo-Seite

Punkte
3

1 Lies den Text aufmerksam.
Kreuze bei jeder Frage die richtige Antwort an.

Paul sitzt traurig auf dem Bett.
Er streichelt seine braune Katze Minka.
Vater trägt den großen, blauen Koffer zum Auto.
Pauls Schwester Lisa packt Brote in einen Korb.
„Nun schau nicht so traurig, Paul", tröstet ihn Mama.
„Minka ist doch gut versorgt." Und Lisa meint:
„Außerdem brauchen Katzen keinen Urlaub."
Alle steigen in das große, rote Auto und fahren los.
Nach einer Weile raschelt es im Kofferraum.
Vater bremst und alle drehen sich erstaunt um.
Da sehen sie Minka im Kofferraum herumklettern.
Paul freut sich: „Katzen brauchen doch Urlaub."

Wie heißt Pauls Katze?	Wer ist Lisa?	Wo taucht Minka am Ende der Geschichte auf?
Lisa	Pauls Mutter	im Garten
Minka	Pauls Schwester	Im Esskorb
Hasso	Pauls Cousine	Im Kofferraum

Punkte
3

2 Lies genau im Text nach.
Male in den richtigen Farben an.

zu allen Sprachbuchkapiteln:
sinnerfassendes Lesen; Fragen zu einem Text beantworten;
Bilder nach Textinformationen ausmalen

Kontrollblätter zu den Jo-Jo Seiten

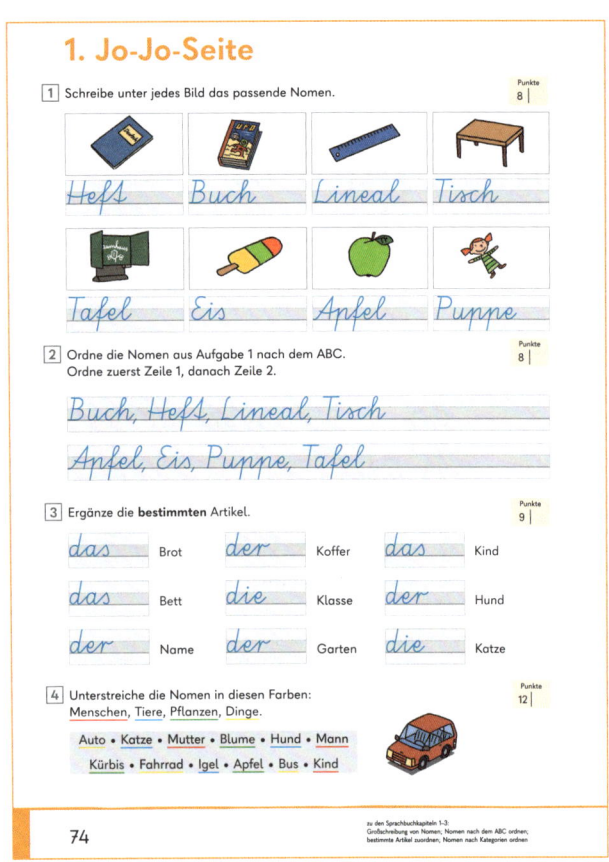

Kontrollblätter zu den Jo-Jo Seiten

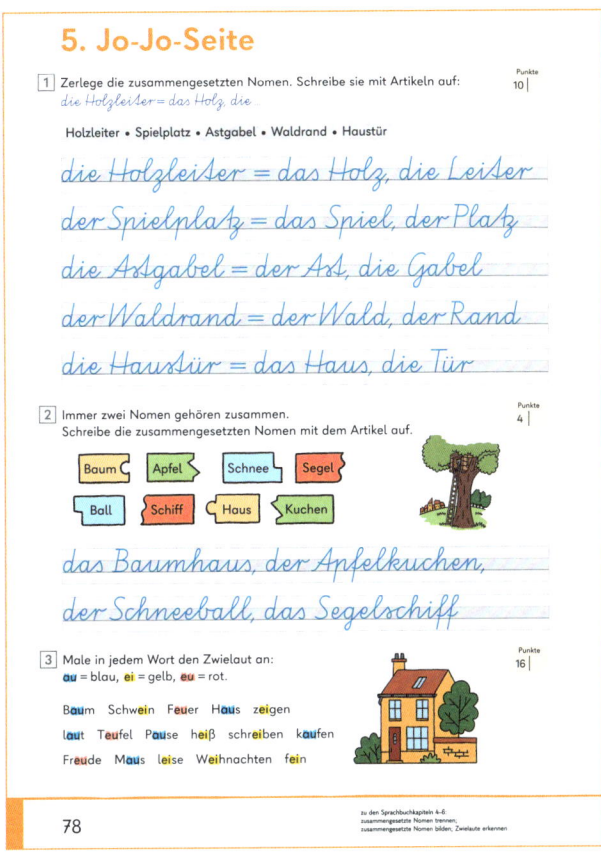

5. Jo-Jo-Seite

1 Zerlege die zusammengesetzten Nomen. Schreibe sie mit Artikeln auf: Punkte 10
die Holzleiter = das Holz, die ...

Holzleiter • Spielplatz • Astgabel • Waldrand • Haustür

die Holzleiter = das Holz, die Leiter

der Spielplatz = das Spiel, der Platz

die Astgabel = der Ast, die Gabel

der Waldrand = der Wald, der Rand

die Haustür = das Haus, die Tür

2 Immer zwei Nomen gehören zusammen.   Punkte 4
Schreibe die zusammengesetzten Nomen mit dem Artikel auf.

Baum | Apfel | Schnee | Segel
Ball | Schiff | Haus | Kuchen

das Baumhaus, der Apfelkuchen,

der Schneeball, das Segelschiff

3 Male in jedem Wort den Zwielaut an: Punkte 16
au = blau, **ei** = gelb, **eu** = rot.

Baum   Schwein   Feuer   Haus   zeigen
laut   Teufel   Pause   heiß   schreiben   kaufen
Freude   Maus   leise   Weihnachten   fein

78

zu den Sprachbuchkapiteln 4–6:
zusammengesetzte Nomen trennen;
zusammengesetzte Nomen bilden, Zwielaute erkennen

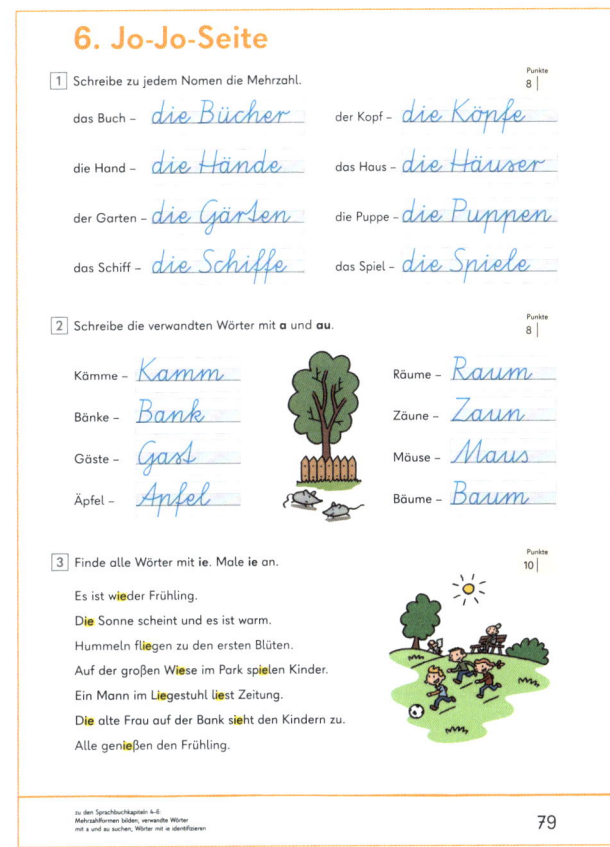

6. Jo-Jo-Seite

1 Schreibe zu jedem Nomen die Mehrzahl.   Punkte 8

das Buch – die Bücher   der Kopf – die Köpfe

die Hand – die Hände   das Haus – die Häuser

der Garten – die Gärten   die Puppe – die Puppen

das Schiff – die Schiffe   das Spiel – die Spiele

2 Schreibe die verwandten Wörter mit **a** und **au**.   Punkte 8

Kämme – Kamm   Räume – Raum

Bänke – Bank   Zäune – Zaun

Gäste – Gast   Mäuse – Maus

Äpfel – Apfel   Bäume – Baum

3 Finde alle Wörter mit **ie**. Male **ie** an.   Punkte 10

Es ist wieder Frühling.
Die Sonne scheint und es ist warm.
Hummeln fliegen zu den ersten Blüten.
Auf der großen Wiese im Park spielen Kinder.
Ein Mann im Liegestuhl liest Zeitung.
Die alte Frau auf der Bank sieht den Kindern zu.
Alle genießen den Frühling.

79

zu den Sprachbuchkapiteln 4–6:
Mehrzahlformen bilden; verwandte Wörter
mit a und au suchen, Wörter mit ie identifizieren

7. Jo-Jo-Seite

1 Setze **Sp/sp** oder **St/st** richtig ein.   Punkte 10

das Spiel   sp ringen   die St adt   st ehen   der St ein

sp ät   der Sp ort   st ecken   sp itz   der St ern

2 Welche Wortbausteine passen zu **suchen**?   Punkte 5
Schreibe die neuen Verben auf:

be   an   über   aus   ein   ver   durch   ob   unter
suchen

besuchen, aussuchen, versuchen,

durchsuchen, untersuchen

3 Setze das Verb **suchen** mit den passenden Wortbausteinen ein.   Punkte 5

Papa will sein Glück beim Lotto versuchen

Der Detektiv wird den Diebstahl untersuchen

Am Sonntag werde ich meine Tante besuchen

Ich darf mir im Buchladen ein Buch aussuchen

Die Polizei will die Wohnung durchsuchen

80

zu den Sprachbuchkapiteln 7–9:
Sp/sp und St/st einsetzen; mit Wortbausteinen
neue Verben bilden und in Sätzen verwenden

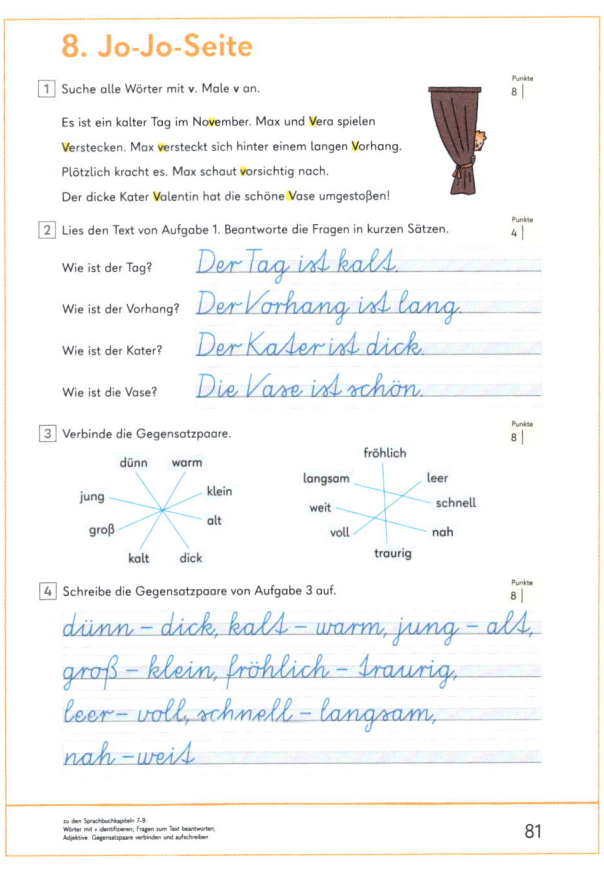

8. Jo-Jo-Seite

1 Suche alle Wörter mit **v**. Male **v** an.   Punkte 8

Es ist ein kalter Tag im November. Max und Vera spielen
Verstecken. Max versteckt sich hinter einem langen Vorhang.
Plötzlich kracht es. Max schaut vorsichtig nach.
Der dicke Kater Valentin hat die schöne Vase umgestoßen!

2 Lies den Text von Aufgabe 1. Beantworte die Fragen in kurzen Sätzen.   Punkte 4

Wie ist der Tag?   Der Tag ist kalt.

Wie ist der Vorhang?   Der Vorhang ist lang.

Wie ist der Kater?   Der Kater ist dick.

Wie ist die Vase?   Die Vase ist schön.

3 Verbinde die Gegensatzpaare.   Punkte 8

dünn   warm   fröhlich
jung   klein   langsam   leer
                              schnell
groß   alt   weit
                              nah
kalt   dick   voll   traurig

4 Schreibe die Gegensatzpaare von Aufgabe 3 auf.   Punkte 8

dünn – dick, kalt – warm, jung – alt,

groß – klein, fröhlich – traurig,

leer – voll, schnell – langsam,

nah – weit

81

zu den Sprachbuchkapiteln 7–9:
Wörter mit v identifizieren; Fragen zum Text beantworten;
Adjektive: Gegensatzpaare verbinden und aufschreiben

Kontrollblätter zu den Jo-Jo Seiten

9. Jo-Jo-Seite

1 Unterstreiche die Wortstämme **Spiel/spiel**, **Ess/ess**, **Lauf/lauf** in unterschiedlichen Farben: Spiel/spiel, Ess/ess, Lauf/lauf. — Punkte 20

Spielerin	laufend	essbar	Spielplatz	Esstisch
verlaufen	Würfelspiel	Laufband	Spielzeug	gegessen
Esser	spielerisch	Esslöffel	Läufer	Mittagessen
Ballspiel	Essecke	auslaufen	vorspielen	Wettlauf

2 Schreibe die Wörter von Aufgabe 1 nach Wortfamilien geordnet auf. — Punkte 20

spielen: *Spielerin, Spielplatz, Würfelspiel, Spielzeug, spielerisch, Ballspiel, vorspielen*

essen: *essbar, Esstisch, gegessen, Esser, Esslöffel, Mittagessen, Essecke*

laufen: *laufend, verlaufen, Laufband, Läufer, auslaufen, Wettlauf*

3 Schreibe die Nomen zu den Bildern auf. Male die Endung an. — Punkte 5

Kuchen, Igel, Apfel, Leiter, Feuer

82

zu den Sprachbuchkapiteln 10–12:
Wortstamm identifizieren, Wörter nach Wortfamilien ordnen,
Schwierige Buchstabenverbindungen: Endungen -er, -el, -en

10. Jo-Jo-Seite

1 Lies die Sätze in den Sprechblasen laut. Setze nach jedem Satz das richtige Satzzeichen. — Punkte 6

Wer will zuerst erzählen?
Hört mal alle zu!
Ich war gestern im Zoo.
Hast du die Robben gesehen?
Ich habe ein Bild mitgebracht.
Zeig mal her!

2 Ordne die Sätze von Aufgabe 1 den richtigen Satzarten zu. — Punkte 6

Aussagesätze:
Ich war gestern im Zoo.
Ich habe ein Bild mitgebracht.

Fragesätze:
Wer will zuerst erzählen?
Hast du die Robben gesehen?

Ausrufesätze:
Hört mal alle zu!
Zeig mal her!

83

zu den Sprachbuchkapiteln 10–12:
Satzarten unterscheiden und passende Satzschlusszeichen setzen,
Sätze den passenden Satzarten zuordnen

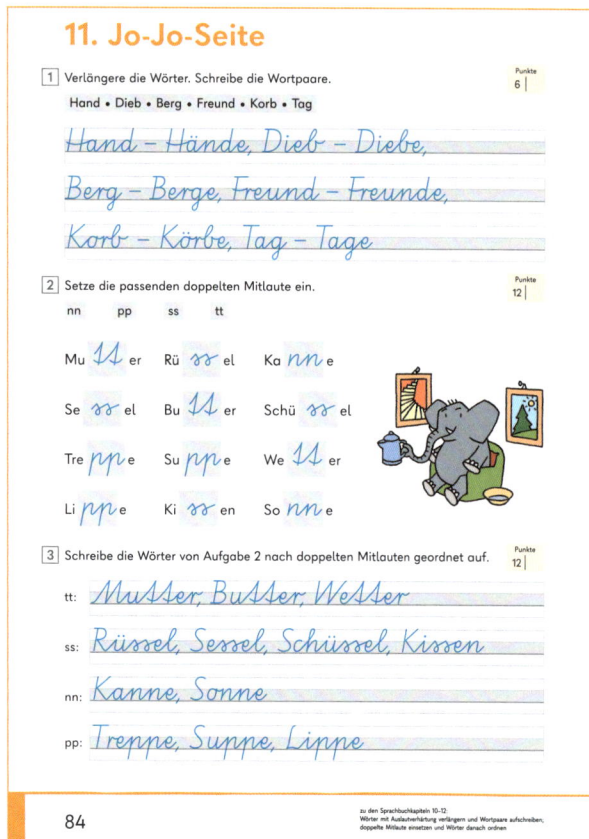

11. Jo-Jo-Seite

1 Verlängere die Wörter. Schreibe die Wortpaare. — Punkte 6

Hand • Dieb • Berg • Freund • Korb • Tag

Hand – Hände, Dieb – Diebe,
Berg – Berge, Freund – Freunde,
Korb – Körbe, Tag – Tage

2 Setze die passenden doppelten Mitlaute ein. — Punkte 12

nn   pp   ss   tt

Mu**tt**er   Rü**ss**el   Ka**nn**e
Se**ss**el   Bu**tt**er   Schü**ss**el
Tre**pp**e   Su**pp**e   We**tt**er
Li**pp**e   Ki**ss**en   So**nn**e

3 Schreibe die Wörter von Aufgabe 2 nach doppelten Mitlauten geordnet auf. — Punkte 12

tt: *Mutter, Butter, Wetter*
ss: *Rüssel, Sessel, Schüssel, Kissen*
nn: *Kanne, Sonne*
pp: *Treppe, Suppe, Lippe*

84

zu den Sprachbuchkapiteln 10–12:
Wörter mit Auslautverhärtung verlängern und Wortpaare aufschreiben,
doppelte Mitlaute einsetzen und Wörter danach ordnen

12. Jo-Jo-Seite

1 Lies den Text aufmerksam. Kreuze bei jeder Frage die richtige Antwort an. — Punkte 3

Paul sitzt traurig auf dem Bett.
Er streichelt seine braune Katze Minka.
Vater trägt den großen, blauen Koffer zum Auto.
Pauls Schwester Lisa packt Brote in einen Korb.
„Nun schau nicht so traurig, Paul", tröstet ihn Mama.
„Minka ist doch gut versorgt." Und Lisa meint:
„Außerdem brauchen Katzen keinen Urlaub."
Alle steigen in das große, rote Auto und fahren los.
Nach einer Weile raschelt es im Kofferraum.
Vater bremst und alle drehen sich erstaunt um.
Da sehen sie Minka im Kofferraum herumklettern.
Paul freut sich: „Katzen brauchen doch Urlaub."

Wie heißt Pauls Katze?	Wer ist Lisa?	Wo taucht Minka am Ende der Geschichte auf?
Lisa	Pauls Mutter	im Garten
Minka ✗	Pauls Schwester ✗	Im Esskorb
Hasso	Pauls Cousine	Im Kofferraum ✗

2 Lies genau im Text nach. Male in den richtigen Farben an. — Punkte 3

85

zu allen Sprachbuchkapiteln:
sinnerfassendes Lesen, Fragen zu einem Text beantworten;
Bilder nach Textinformationen ausmalen